AF224191

MOYENS

OPPORTUNS ET FACILES

A mettre en pratique pour l'Amélioration du Sort des Travailleurs,

SUIVI D'UN

Abrégé des Devoirs de l'Homme.

Par

MERMILLIOD, Fabricant de Taillanderie.

<hr>

CHERBOURG.

Imprimerie de THOMINE.

1848.

MOYENS

OPPORTUNS ET FACILES

A mettre en pratique pour l'Amélioration du Sort des Travailleurs,

SUIVI D'UN

Abrégé des Devoirs de l'Homme.

Par

MERMILLIOD, Fabricant de Taillanderie.

Tout citoyen qui comprend ses devoirs doit méditer sur la manière dont se font les affaires, et s'occuper sérieusement des améliorations qu'il est possible d'y apporter.

En février 1848, on ne s'est pas battu simplement pour échanger une forme politique contre une autre forme politique, on s'est battu pour émanciper les travailleurs, et pour constituer leurs droits, auxquels les monarchies opposaient la résistance stupide du privilège bourgeois;

on s'est battu pour cicatriser la lèpre hideuse du paupérisme qui était, pour elles, un moyen de dompter le peuple, en l'énervant par la misère, ainsi la constitution du travail est la principale mission de l'assemblée, et elle doit s'en occuper sérieusement.

Je suis ouvrier ; depuis plusieurs années déjà, mon attention s'est portée sur cette grave question, je viens vous soumettre les réflexions que j'ai faites sur les besoins de la classe à laquelle je me fais honneur d'appartenir.

Les troubles qui ont eu lieu l'année dernière, dans un grand nombre de départements, au moment de la cherté des grains, et les dépenses considérables que presque toutes les communes ont été obligées de faire pour nourrir la classe ouvrière, m'auraient convaincu, si je né l'avais été déjà, qu'il existe dans cette classe, un malaise auquel il est grand temps de porter remède ; tout le monde est aujourd'hui d'accord sur ce point.

Or quelle est la cause de ce malaise ? En 1847, la question pour moi, était tout simplement celle-ci : le salaire de l'ouvrier est-il en rapport avec ses besoins ? Mais aujourd'hui que le gouvernement veut bien s'en occuper, j'ai d'autres idées que j'essaierai de vous faire comprendre.

Voici ce que je répondrais à la question : le salaire de l'ouvrier est-il en rapport avec ses besoins ?

Vivant avec eux depuis 25 ans, je crois pouvoir répondre en toute connaissance de cause, OUI, pour les ouvriers adroits et intelligents ; NON, pour les ouvriers qui exécutent les travaux les plus rudes, tels que les manœuvres, terrassiers, carriers et hommes de peine, attachés aux ateliers de diverse nature.

J'ai calculé ce que ces derniers doivent dépenser pour leur nourriture, leur logement, leurs vêtements, et les chiffres m'ont prouvé qu'un homme marié, ayant seulement deux enfants, ne recevait pas un salaire suffisant.

Quels sont les moyens à employer pour améliorer le sort de cette malheureuse classe, et celui des travailleurs en général ?

C'est ce que je vais essayer de dire. J'ai besoin de faire connaître d'abord :

1° Qu'elle était la position de l'ouvrier sous le précédent gouvernement? 2° de quelle manière on opérait en matière de travaux publics. Je dirai ensuite quelle position doit avoir l'ouvrier, ce que l'on doit faire pour lui, et comment il me semble que doit opérer un gouvernement juste qui prend à cœur d'adoucir la position des travailleurs.

Sous le gouvernement déchu, voici qu'elle était la position de l'ouvrier.

1° APPRENTISSAGE.

Les enfants qui appartenaient à une famille qui était obligée de travailler pour les nourrir, étaient placés à un âge plus ou moins avancé, chez divers industriels, pour apprendre une profession.

On aimerait à se dire que tous les patrons chez lesquels étaient ces enfants comprenaient bien la mission toute paternelle qui leur était confiée, et les dirigeaient avec toute l'attention et l'intérêt que mérite le jeune âge , mais malheureusement l'expérience a trop souvent démontré que l'égoïsme de certains maîtres a été la cause de l'incapacité et du malheur de bien des jeunes gens; or, l'apprentissage a une influence immense sur l'avenir de l'ouvrier; si l'enfant fait un mauvais apprentissage, nécessairement il ne sait point travailler, et lorsqu'il quitte son patron pour entrer dans un atelier, le noúveau maître qui l'occupe ne lui donne à faire que les travaux qu'il est susceptible de confectionner, et fort soúvent, il travaille plutôt comme homme de peine que comme ouvrier.

Celui qui, au contraire, fait un bon apprentissage, est devenu un habile ouvrier, presque toujours celui-là fait des économies et finit par s'établir. Etant chef d'atelier *quelle était,* il y a peu de temps encore *sa position;* son talent était tous les jours exploité par des hommes de finances; fort souvent ce talent était une raison pour qu'il fût ruiné plus vite s'il lui arrivait d'avoir affaire à un entrepreneur de mauvaise foi, il ne jouissait même d'aucune considération, il n'y a que depuis le 24 février dernier, que chacun revendique le titre d'ouvrier.

2° TRAVAUX PUBLICS.

Voici comment on opérait en matière de travaux publics, et en particulier pour les fournitures œuvrées mises en adjudication par la marine.

Sous le gouvernement déchu, la question posée aux entrepreneurs était plutôt une question d'argent qu'une question de capacité, et alors voici comment les choses se passaient.

Lorsqu'une adjudication était affichée, et qu'un cautionnement de cent ou de cent cinquante mille francs, était exigé pour soumissionner, quelles personnes devenaient adjudicataires? Était-ce des hommes spéciaux et capables, ou n'étaient-ce pas plutôt des hommes de finances, des spéculateurs qui ne travaillaient pas ? Il est facile de s'assurer que c'était ces derniers.

On peut m'objecter que l'État exigeait un certificat de capacité, c'est vrai ; mais je puis prouver aussi qu'un grand nombre de certificats ont été donnés à des hommes qui n'avaient jamais exécuté de travaux, je dirai plus, qui ne possédaient même pas les idées les plus simples sur cette matière (leur seule capacité était d'avoir reçu un ingénieur en chef dans leur salon).

Aussi lorsqu'un spéculateur était titulaire d'un marché, il s'adressait à un homme capable, qui souvent n'avait pu soumissionner parce qu'il manquait de fonds, et il lui faisait exécuter les travaux comme sous-traitant, en exigeant de lui une remise de 20, 25 et 50 pour cent.

Ce sous-traitant qui exécutait ou faisait exécuter les travaux, était encore obligé de retirer un bénéfice sur les ouvriers qui travaillaient pour son compte ; il arrivait que l'État avait payé le travail à sa juste valeur, mais que ceux qui l'avaient exécuté ou fait exécuter, avaient à peine reçu de quoi vivre pendant la durée des travaux, et souvent même, il est arrivé que des entrepreneurs, après avoir reçu ce qui leur revenait, faisaient faillite et compromettaient ainsi le salaire des ouvriers et des sous-traitants. (La sueur de l'ouvrier n'avait profité qu'à l'homme de finances, qu'à l'agioteur).

Cette manière d'opérer amenait de très mauvais résultats, au point de vue moral ; car presque tous les ingénieurs regardaient les entrepreneurs comme des hommes qui cherchaient à chaque instant à les tromper, cela ne doit pas paraître étonnant puisque l'homme capable n'était pas en rapport direct avec l'ingénieur chargé du travail.

A des époques plus reculées, on trouve exprimées des idées bien différentes dans les mémoires de Vauban et de Bélidor, de ce dernier surtout. Bélidor écrivait qu'on ne saurait avoir trop de ménagements pour un entrepreneur vigilant et actif à bien exécuter ce qu'on lui ordonne, et que l'on doit s'estimer heureux d'en trouver un sur lequel on puisse compter.

Qu'on étudie les immenses travaux exécutés pendant le seul règne de Louis XIV, on est vraiment étonné des moyens simples et économiques d'exécution.

A cette époque, les ingénieurs ne craignaient pas de consulter les entrepreneurs et les chefs ouvriers avant d'élaborer un projet, et on les voyait modifier leurs projets sur des observations qui leur étaient soumises dans le double but de faire plus vite et de dépenser moins.

Les ingénieurs, depuis plus de trente ans, ne procèdent plus ainsi; ils s'occupent tout d'abord d'arrêter et de rédiger les projets de leurs travaux au point de vue de l'art, sans s'inquiéter assez des ressources du pays où ils travaillent, et ils fixent des prix sans chercher à bien se rendre compte de la valeur réelle de l'exécution : aussi a-t-on vu bien souvent des entrepreneurs faire des rabais de 25 pour cent sur des prix de base, et quelquefois 15 pour cent d'augmentation sur d'autres.

Dans toutes ces affaires, il me paraît indispensable que les devis et les projets ne soient pas faits par les ingénieurs seuls; il faudrait leur adjoindre des hommes spéciaux assez expérimentés pour évaluer au plus juste la dépense en matériaux et en main-d'œuvre; et à cet égard, je me permettrai encore une réflexion.

Il est très étonnant que l'on n'exige pas des entrepreneurs, des garanties de capacité analogues à celles qu'on demande aux médecins, avocats, notaires, employés de la marine et de la guerre.

Car, pour être médecin, par exemple, il faut avoir été reçu docteur; pour défendre les intérêts civils, il faut avoir fait son droit et ainsi des autres; tandis que pour dépenser les deniers de l'État, on n'exige que des garanties tout-à-fait illusoires. Aussi jusqu'à ce jour, vous avez vu souvent des entrepreneurs commencer des travaux, et voyant qu'ils ne gagnaient pas assez, ou qu'ils manquaient de connaissances indispensables pour faire marcher leurs affaires, venir demander la résiliation de leur marché, et ils ont toujours trouvé des députés complaisants, qui ont obtenu par leurs influences, ce que ces entrepreneurs incapables et déloyaux, sollicitaient.

MARINE.

Lorsque la marine passe des adjudications de travaux œuvrés elle admet à concourir toutes les personnes qui se présentent sous la seule condition qu'elles fournissent le cautionnement exigé. Cette manière d'opérer met encore très souvent un intermédiaire entre l'État qui paye et l'ouvrier qui exécute.

Voici comment je désirerais qu'on opérât :

POUR L'ENFANCE.

Si le rapport de la commission de l'instruction primaire est adopté par l'assemblée nationale. Tous les enfants sans distinction de position sociale ou de fortune recevront la même instruction jusqu'à un certain âge, où chaque enfant choisira la profession qui lui conviendra suivant le degré de son instruction.

De toutes les positions sociales, l'apprentissage dans l'industrie a été la seule dont les gouvernements aient négligé de s'occuper jusqu'à ce jour; aussi, sauf quelques exceptions, la France a peu de bons ouvriers.

Je désirerais donc qu'une commission permanente, choisie dans le sein du conseil municipal de chaque ville, fût chargée de placer les enfants chez d'honnêtes industriels. Cette commission aurait toute facilité pour exercer sa surveillance : elle veillerait à ce que la tâche des enfants fût mise en rapport avec leurs forces physiques, à ce que le travail exigé d'eux pût toujours se concilier avec le degré de leur instruction; et à ce que les maîtres remplissent exactement toutes leurs obligations envers leurs élèves, car l'éducation de l'enfance est la première obligation sociale; enfin la commission ferait annuellement son rapport au conseil municipal, en désignant les élèves qui auraient le mieux mérité et les patrons qui se seraient sérieusement occupés de leurs élèves. Puis le maître et l'élève auraient droit chacun à une récompense nationale. Je suis bien persuadé d'ailleurs que si le problème de l'organisation du travail paraît très difficile à résoudre dans le présent, l'éducation de l'enfance est destinée sans aucun doute, à réaliser dans l'avenir tous les vœux philantropiques qui s'échappent soudainement aujourd'hui de tous les cœurs français.

Comprenant aussi que c'est aux représentants légaux du pays de mettre à exécution ces dispositions d'intérêt public, afin de montrer à la classe laborieuse qu'ils ont compris leurs besoins et leurs vœux, je verrais avec plaisir qu'un ou plusieurs représentants fussent chargés tous les ans d'une inspection ; ils décerneraient eux-mêmes les récompenses aux plus méritants : ces moyens d'émulation produiraient, j'en suis sûr, un excellent effet.

L'enfant ayant fini son apprentissage devient homme et ouvrier ; parvenu à l'âge mûr, il éprouve le besoin de suppléer à sa première instruction ou d'augmenter les connaissances incomplètes qu'il a acquises ; car c'est à l'âge où il n'a pu acquérir que des connaissances très imparfaites que l'enfance du peuple quitte l'école pour l'atelier, la plume pour le rabot, le livre pour la lime ou le marteau. Le jeune ouvrier, tout occupé de son travail néglige à tort de conserver le peu qu'il a appris ; il faut donc dans toutes les villes une école ouverte tous les soirs aux ouvriers afin qu'ils puissent ressaisir et compléter l'instruction qu'ils ont reçue pendant leurs premières années ou même apprendre ce qu'ils n'ont jamais su.

- Voici l'instruction que je voudrais voir donner dans ces écoles :

    1° Devoirs de l'homme ;

    2° Histoire ;

    3° Droit politique ;

    4° Arithmétique ;

5°   Géométrie ou dessin linéaire ;

6°   Examen du travail au point de vue commercial et au point de vue de la main d'œuvre; cette dernière instruction serait d'une grande utilité pour les ouvriers qui travaillent à leurs pièces, et lorsqu'ils seront chefs d'ateliers.

Il serait à désirer que le gouvernement donnât aux ouvriers les moyens que j'indique et que tous les ouvriers suivissent ces cours avec exactitude, mais il ne faut pas s'abuser à croire que tous les ouvriers suivront ces cours tous les soirs; malheureusement il s'en trouvera beaucoup qui seront assez ennemis d'eux mêmes pour ne pas profiter de l'instruction qui leur sera offerte et qui plus tard regretteront, j'en suis sur, ce temps perdu.

Aussi voudrais-je que ceux qui auraient continuellement suivi les cours et qui par leur aptitude et leur intelligence auraient été reconnus avoir le mieux mérité reçussent une récompense nationale.

1° Pour l'instruction et la moralité ;

2° Pour le travail qu'ils auraient mis à l'exposition des travaux d'art faite chaque année au chef lieu du département.

MANIÈRE D'OPÉRER EN MATIÈRE DE TRAVAUX PUBLICS.

Il faudrait dans chaque département classer les entrepreneurs suivant leur capacité et donner des certificats seulement à des hommes capables d'exécuter des travaux, tels qu'aux chefs ouvriers ou aux entrepreneurs qui auraient fait leurs preuves et donné des garanties satisfaisantes par l'exécution de travaux qu'ils auraient déjà exécutés.

Scinder autant que possible les affaires afin que chaque chef ouvrier pût soumissionner suivant sa spécialité.

Ainsi pour l'exécution les grands bâtiments faire une adjudication :

1° Pour les maçonneries et tailles de pierres.

2° Pour la charpente ;

3° Pour la menuiserie ;

4° Pour la couverture;

5° Ferrures et ferrements;

6° Plâtrerie;

7° Peinture et vitrerie;

8° Ferblanterie et plomberie.

Cette scission permettrait en outre de diviser le cautionnement en plusieurs autres cautionnements moins onéreux pour les entrepreneurs.

Il est clair qu'on ne devrait admettre dans ces adjudications particulières que des hommes patentés pour les spécialités qu'ils soumissionneraient ; si vous opérez de cette manière, vous empêchez les spéculateurs de se mêler de toutes les affaires comme ils s'en sont mêlés jusqu'à ce jour et vous rendez à l'ouvrier un bénéfice de 20 à 30 pour cent sur les travaux publics, en permettant au chef d'atelier d'augmenter le salaire de l'ouvrier; car il est reconnu que quand un chef d'atelier peut exécuter des travaux à des prix suffisamment élevés, il manque bien rarement de payer mieux ses ouvriers et il obtient plus de soin dans l'exécution du travail. Je crois donc qu'en employant ces moyens l'Etat ne dépensera pas plus et l'ouvrier recevra d'avantage.

Chaque fois que l'État mettrait des travaux œuvrés en

adjudication, il devrait fixer dans le cahier des charges les prix des journées que l'entrepreneur paierait aux ouvriers et aux manœuvres; ce moyen empêcherait certains entrepreneurs de mettre des rabais aussi forts comptant spéculer sur le salaire des ouvriers dans les moments de chomage : il est bien entendu que le salaire mentionné au cahier des charges serait suffisant à l'existence de l'ouvrier.

MANIÈRE D'OPÉRER A LA MARINE.

Lorsque la marine mettra en adjudication des travaux œuvrés, elle ne devra admettre à concourir que des fabricants ou chefs ouvriers porteurs d'un certificat de capacité et ayant des ateliers. Elle pourrait également scinder les marchés où il se trouve diverses spécialités, alors l'on ne verra plus des marchands d'indiennes soumissionner des fournitures de meubles et des marchands de briques soumissionner des fournitures de taillanderie, comme cela a été malheureusement jusqu'à ce jour.

Il est facile au gouvernement de s'assurer que sous le dernier règne les ouvriers ont été très malheureux et les trois quarts des maîtres se sont ruinés par la seule raison que leur propriété a été violée.

L'ouvrier ou le chef ouvrier n'a souvent pour toute fortune que son talent; c'est sa propriété et si cette propriété n'est pas respectée, qu'elle soit mise à l'enchère par les spéculateurs, elle devient une vile marchandise qui est la propriété de tous.

Il faut protéger la propriété qui est le fondement et la garantie de l'ordre et de l'abondance dans une nation.

C'est l'assurance où est un individu de recevoir et pouvoir conserver le fruit de son travail qui excite son activité. Or, le travail de chacun est nécessaire à la société; la société ne peut exister sans le concours de ceux qui la composent. Tous les hommes sont animés par le même mobile, celui de gagner de l'argent et de jouir de ce qu'ils ont gagné; plus un homme est industrieux, plus il fera de profits, mais plus aussi il sera et il aura été utile à ses semblables.

Pourquoi sous le dernier règne un industriel qui avait gagné quelque chose cherchait-il à donner une autre position que la sienne à ses fils ? parce qu'il comprenait que sa fausse position dans la société, et qu'il savait que le talent dans l'industrie n'était pas nécessaire pour faire des affaires que les écus seuls suffisaient.

JE ME RÉSUME AINSI :

1° Instituer dans chaque ville, une commission dont les membres seront pris dans le conseil municipal qui s'occupera sérieusement de l'apprentissage des enfans destinés à l'industrie, afin d'en faire de bons ouvriers.

2° Donner des récompenses nationales aux apprentis les plus méritants, et aux maîtres qui auront le mieux rempli leurs devoirs.

3° Faire distribuer ces récompenses par les représentants du département.

4° Instruction gratuite, le soir, pour les ouvriers, et exposition des travaux d'art.

5° Récompenses nationales, aux ouvriers les plus méritants.

6° Exiger strictement la garantie de capacité pour soumis-

sionner les travaux publics et les fournitures œuvrées
à la marine.

7° Scinder les travaux en plusieurs parties, afin que chacun
soumissionne sa spécialité.

8° Fixer dans tous les cahiers des charges des minimums
de journées pour les ouvriers et manœuvres occupés à
ces travaux.

9° Et j'ajoute : Exiger des cautionnements moins forts, afin
de ne pas écarter les hommes capables; et mettre un
délai plus court entre les paiements, afin de ne pas écraser
les chefs ouvriers par les intérêts de fonds qu'ils sont
obligés de payer aux banquiers.

DIVERSES RÉFLEXIONS.

Après la révolution de février, si le gouvernement provisoire, avait chargé des hommes pratiques de la grave
question du travail, au lieu des utopistes qui s'en sont occupés, la révolution impie de juin, n'eût peut-être pas eu
lieu.

Au lieu de promettre des réformes prématurées, voilà, à
mon idée, ce que le gouvernement devait faire : créer immédiatement des comptoirs nationaux où les manufacturiers,
les fabricants et les entrepreneurs eussent trouvé les sommes
qui leur étaient nécessaires pour conserver leurs ouvriers,
ce léger sacrifice de la part du gouvernement eût empêché
la création des ateliers nationaux.

Aujourd'hui, il faudrait faire un travail qui fît connaître
les besoins et les ressources de chaque département, afin de
savoir ce qui est nécessaire à l'agriculture, au commerce et

à l'industrie. Ce moyen ferait connaître si l'agriculture à besoin de bras, et fournirait des renseignements analogues pour le commerce et l'industrie.

Il faudrait que l'association de secours et de retraite pour les ouvriers fût générale par toute la France.

Ne pas négliger de faire créer des comptoirs nationaux et des caisses agricoles par toute la France.

ABRÉGÉ
DES DEVOIRS DE L'HOMME.

L'homme a des devoirs à remplir envers Dieu, envers sa famille, envers son prochain, envers sa patrie et envers lui-même.

Envers Dieu.

Il doit reconnaître Dieu comme le créateur de tout, le remercier de tout le bonheur qu'il reçoit de lui, le prier, et ne pas l'oublier quand il est malheureux.

Envers sa famille.

Il doit aimer et respecter ses pères et mères. Père de famille, il doit travailler pour fournir aux besoins de sa femme et de ses enfants, et donner à ces derniers de bons conseils et de bons exemples.

Heureuse la famille où règne l'harmonie! Heureux les frères et les sœurs unis par l'estime et l'amitié! la paix habite leur âme; un doux transport fait palpiter leur cœur; ils savent alléger leurs peines, en les partageant, en se communiquant leurs plaisirs, ils savent les doubler.

Envers son prochain.

Nous devons faire aux autres tout ce que nous voudrions que l'on nous fît; aider nos frères, de nos conseils et de notre bourse quand notre fortune nous le permet, et ne jamais agir avec ostentation; ne dire jamais de mal de personne, surtout en leur absence.

Envers sa patrie.

L'on doit sacrifier à sa patrie, son sang, sa vie et sa fortune, et lui obéir en tout, pourvu que les ordres qu'elle vous donne soient compatibles avec l'honneur.

Envers soi-même.

L'homme doit soigner son corps, cultiver son intelligence et quelques soient les chagrins qu'il éprouve, il ne doit jamais disposer d'une vie que Dieu lui a donnée et qui, par conséquent ne lui appartient pas.

Cherbourg. — Imp. de THOMINE.